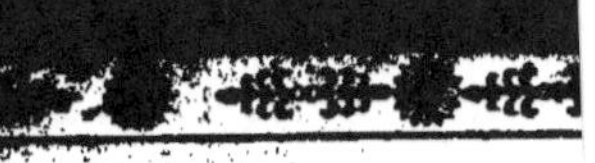

CATALOGUE

DE

TABLEAUX

PRÉCIEUX,

ET

AUTRES OBJETS DE CURIOSITÉ,

COMPOSANT LE CABINET

De M. Francillon.

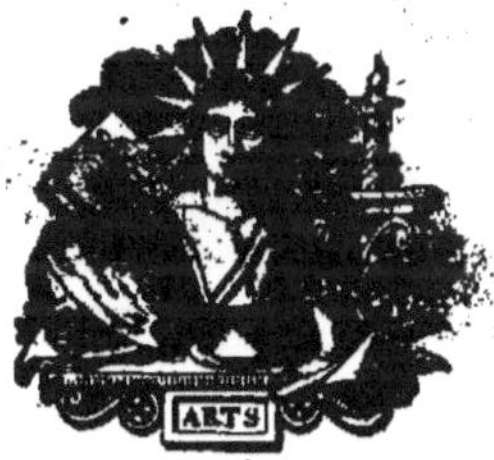

PARIS.

IMPRIMERIE ANTHELME BOUCHER,

RUE DES BONS-ENFANS, N°. 34.

1828.

CATALOGUE

DE TABLEAUX

PRÉCIEUX

DES DIVERSES ÉCOLES,

ET AUTRES OBJETS DE CURIOSITÉ.

IMPRIMERIE ANTHELME BOUCHER,
RUE DES BONS-ENFANS, N°. 34.

CATALOGUE

D'UNE COLLECTION

DE TABLEAUX

PRÉCIEUX ET RARES

DES DIVERSES ÉCOLES,

PORTRAITS DE PERSONNAGES HISTORIQUES, DESSINS, BRONZES,
TABATIÈRES AVEC CAMÉES, ÉMAUX, MINIATURES,
MEUBLES DE LAQUE, DE BOULE, MARBRES
ET AUTRES OBJETS DE CURIOSITÉ ;

LE TOUT COMPOSANT LE RICHE CABINET

DE M. FRANCILLON,

Dont la Vente publique et aux Enchères, à cause de son départ
pour l'étranger, aura lieu et se fera le Lundi
14 Avril 1828 et jours suivans, à midi,

Rue de Cléry, N°. 21, Salle Le Brun,

PAR LE MINISTÈRE DE M^e. LACOSTE, COMMISSAIRE-PRISEUR,
Rue Thérèse, N°. 2 ;

Et avec l'assistance de M. HENRY, Commissaire expert des Musées
royaux, rue de Bondy, N°. 23.

L'Exposition publique aura lieu en ladite Salle Le Brun.
Rue de Cléry, N°. 21, les Samedi 12 et Diman-
che 13 Avril, de midi à quatre heures.

LE PRÉSENT CATALOGUE SE DISTRIBUE

CHEZ LESDITS MM. LACOSTE ET HENRY.

1828.

AVANT-PROPOS.

La Collection décrite dans ce Catalogue est celle formée depuis longues années par M. Francillon, et recueillie par lui en grande partie dans les divers voyages qu'il a faits en Italie. C'est à son retour, et la mémoire encore pleine de souvenirs, qu'il exécuta et publia sa *Traduction abrégée de la Storia Pittorica de l'abbé Lanzi* (1), ouvrage utile aux amateurs, et dans lequel sont gravés plusieurs des Tableaux de sa Collection.

D'après ses désirs, nous n'avons donné dans ce Catalogue que des descriptions très

---

Cet Ouvrage se trouve à Paris, chez Rey et Gravier, libraires, quai des Augustins, n°. 55.

succinctes des Tableaux et peu d'éloges : c'est sur l'exposition publique que nous fondons tout notre espoir, et c'est alors que les curieux pourront se faire une juste idée de chacune des parties de ce Cabinet, en saisir l'ensemble, et convenir avec nous qu'il est d'une importance, d'une richesse d'aspect, d'un goût et d'une variété bien propres à captiver leur attention.

Une des particularités que nous ne pouvons cependant passer ici sous silence, c'est le grand nombre de Portraits historiques qui s'y trouvent réunis et dont la plupart nous offrent les traits de personnages célèbres.

La santé de M. Francillon s'étant singulièrement affaiblie, et lui faisant une impérieuse nécessité d'aller s'établir dans un climat plus doux, il s'est trouvé obligé, par ce motif, de quitter et de louer sa maison de Chaillot, et de vendre de suite la totalité de son Cabinet.

(3)

Aux Tableaux et Dessins se trouve joint un choix de beaux Bronzes, la plupart florentins et quelques-uns modernes; des Émaux et Miniatures, dont deux par Petitot; des Meubles de Boule et de Laque; Tabatières, Camées, Marbres, et autres Objets de curiosité ou de riche ameublement.

Tous ces Objets, sans exception, appartiennent à M. Francillon : il n'en a réservé aucun, et il n'a pas été ajouté un seul Article étranger à sa Vente.

Nota. La mesure des Tableaux a été prise avec le pied-de-roi français, et chaque pied a été réduit en pouces.

Les Lettres T. veulent dire Toile.

B.	Bois.
C.	Cuivre.
H.	Hauteur.
L.	Largeur.
P.	Pouces.
Lig.	Lignes.

CATALOGUE

DE

TABLEAUX.

ÉCOLES D'ITALIE.

ALBANI (Francesco).

1 Jeux d'Enfans : Deux tableaux peints sur toile; hauteur, 25 pouces, largeur, 44 pouces.

Ces enfans ailés sont de ceux qui marchent sans cesse sur les pas de Vénus, et lui préparent des triomphes. Cupidon est à leur tête et leur enseigne la malice et la ruse, en même temps qu'il leur apprend à se servir d'armes semblables aux siennes. C'est à l'aide de cette dernière idée que nous croyons pouvoir expliquer le sujet des deux charmans tableaux d'Albani, auxquels nous avons donné le titre de *Jeux d'Enfans*.

Dans l'un, on voit Cupidon montrant des

flèches à deux de ses frères, qui se précipi-
tent vers lui pour les recevoir; mais il a des-
tiné ces armes au plus fort.

Dans l'autre tableau, les deux petits rivaux
se tiennent à bras-le-corps pour se terrasser
l'un l'autre. L'Amour attend l'issue de la lutte
pour donner le prix au vainqueur. Les paysages qui accompagnent ces scènes anacréon-
tiques sont supposés représenter des bosquets
de l'île de Cythère.

L'Albani consacra ses pinceaux aux grâces ; aucun peintre, de l'aveu de Mengs, n'a
rendu comme lui les femmes avec tout ce
qu'elles ont de charme; les jeunes filles et les
enfans avec tout ce que la nature leur a
donné d'innocence et d'aimable naïveté.

2 La Pêche : cuivre ; H. 12 p., L. 16 p.

Deux pêcheurs, dans une barque, tendent
leur filet au milieu d'une rivière. Pendant
ce temps, un jeune garçon, assis au pied d'un
arbre, garde le poisson qu'ils ont déjà pris.
Près de lui est un autre homme qui attache
les hottes d'un mulet. Dans le lointain, on
aperçoit des villageois conduisant des bestiaux.

Cette légère production de l'Albani a cela
de remarquable que le paysage en fait la par-

tie principale, tandis que ce n'est que l'accessoire de ses compositions ordinaires.

ALLORI (Cristofano).

3 Deux Paysages : C., h. 15 p., l. 20 p.

Dans l'un, est représenté le fameux jugemen de Paris. L'auteur y a personnifié une fontaine et un fleuve. On voit dans l'autre paysage, Vénus pleurant Adonis tué par un sanglier qui fuit à travers la campagne.

Les ouvrages de Cristofano Allori sont fort rares, ses paysages surtout. Les petites figures qui animent ceux-ci sont d'une grâce exquise.

4 L'Apôtre saint Paul, une lance à la main : T., forme ovale; h. 30 p., l. 23 p.

Cette demi-figure est belle, d'une vigueur de coloris qui étonne, et d'un fini qui prouve, comme le dit Lanzi, que l'auteur *ne quittait jamais le pinceau* que sa main n'eût fidèlement obéi à ses inspirations.

5 Portrait d'une jeune femme représentée à mi-corps, un éventail à la main : T., h. 36 p., l. 27 p.

ALOISI (BALDASSARO), surnommé GALALINO.

6 Portrait d'homme avec moustaches, nu-
tête et collet rabattu sur un pourpoint
noir; peint sur fer étamé, forme ronde;
diamètre, 13 p.

Cet Aloïsi était de la famille des Carrache et fut leur élève. On lit dans Lanzi, que
ce peintre, *après la mort d'Octavio Léoni*,
devint à Rome le premier en réputation et
en talent pour le portrait.

ANDRÉA DEL SARTE (ANDREA VAN-NUCCHI, dit).

7 Portrait de femme : Bois, H. 34 p., L. 26 p.

Cette figure, vue à mi-corps et vêtue de
rouge, se détache, mais avec beaucoup d'accord, sur un rideau vert. Des traits réguliers,
un air grave, un maintien noble lui donnent
un attrait qui fixe les regards sur elle; son
costume est celui des dames florentines du
commencement du quinzième siècle; une
toque couvre sa tête; alors, comme aujour-
d'hui, ce genre de coiffure était fort à la
mode.

Ce beau portrait, apporté de Florence par

M. Francillon, était très estimé dans cette ville. Les grandes qualités pittoresques qu'on y admire, le nom plus grand encore d'Andrea del Sarte, doivent appeler sur lui de la part des connaisseurs, une attention réfléchie, qui, beaucoup mieux que nos éloges, les mettra dans le cas de l'apprécier à sa juste valeur.

ANDREA DEL SARTE (D'après Andrea Vannucchi, dit).

8 La Sainte-Famille et saint Jean-Baptiste enfant : B., h. 5o p., l. 38 p.

Le jeune précurseur, tenant un globe surmonté d'une croix, le présente au fils de Marie.

Une imitation aussi belle que celle-ci doit suffire au plus grand nombre des amateurs. Où trouver un tableau d'Andrea del Sarte, un peu capital ? et si on le trouve, combien faut-il le payer ?

BARROCCIO (Frederigo).

9 La Vierge avec son divin Fils : B., h. 15 p., l. 12 p.

Les figures de ce tableau sont expressives et jolies. Jésus, assis sur sa mère, regarde le spectateur; Marie, un livre à la main, est occupée d'une lecture sainte.

BENVENUTO (Giovanni Battista), Surnommé l'Ortolano.

10 Sainte Lucie adorant l'Enfant-Jésus : B., H. 18 p., L. 22 p.

Marie, placée sous une espèce de baldaquin, tient sur elle l'Enfant-Jésus, auquel sainte Lucie montre les signes de son martyre. Saint Joseph, présent à cette scène qui se passe sur le devant d'un paysage, est accoudé sur un tronçon de colonne à la droite de son épouse.

L'Ortolano est souvent confondu avec Garafolo, comme le dit Lanzi, à cause de la double ressemblance de leur nom et de leur manière de peindre.

BOLOGNÈSE (François Grimaldi, dit Il).

11 Paysage : T., forme ronde, diamètre, 21 p.

Il est aussi grandement composé que parfaitement rendu dans toutes ses parties. Aux deux côtés, sur différens plans, s'élèvent des bouquets d'arbres; dans les fonds, une montague escarpée masque, de ses énormes flancs, les deux tiers de l'horizon. A l'avant-scène sont représentés saint Joseph et la Vierge fuyant en Égypte pour soustraire Jésus aux poursuites d'Hérode.

12 Paysage historique : T., H. 28 p., L. 38 p.

Une rivière traverse le premier plan. Au milieu de ses eaux un néophyte reçoit le baptême de la main d'un apôtre de Jésus.

BOLOGNÈSE (D'après).

12 *bis*. Autre Paysage historique : T., H. 17 p., L. 22 p.

On y voit le précurseur baptisant sur le bord du Jourdain.

BONIFAZIO.

13 Joseph mis par ses frères dans une citerne, à dessein de l'y laisser mourir de faim : T., H. 7 p., L. 13 p. 6 lig.

14 Joseph expliquant les songes d'un roi d'Égypte : B., H. 7 p., L. 13 p.

Ce Pharaon, ou roi dont le nom s'est perdu dans l'abîme des siècles, est assis sur son trône et prête l'oreille aux explications de

Joseph. A ses côtés, au pied du trône, sont placés ses ministres et plusieurs officiers de sa cour.

15 Joseph faisant chercher la coupe qui a été cachée par son ordre dans un des sacs de blé délivrés à ses frères : T., H. 7 p., L. 13 p. 6 lig.

Ces trois frises sont d'un riche coloris; les petites figures en sont sveltes, pleines d'esprit et bien mises en action.

16 Saint Pierre et saint Paul invoquant la Vierge et son Fils : B., H. 30 p., L. 37 p.

La bienheureuse Marie, tenant Jésus sur elle, est au milieu du tableau. A sa droite est le chef des apôtres qui se prosterne devant le jeune Sauveur ; à sa gauche est saint Paul.

Jamais épithète ne fut plus juste que celle que nous venons de donner à la couleur de Bonifazio, par rapport aux trois tableaux précédens. Dans celui-ci cette couleur est plus que riche, elle est titienesque au plus haut degré.

BORDONE (Paris).

17 Portrait d'un jeune Homme, peint à mi-

corps, la main droite sur la bouche, et l'épaule gauche couverte d'une mante fourrée : T., H. 30 p., L. 26 p.

BOSELLI (Antonio).

18 Sainte Lucie et sainte Agathe : B., forme octogone; H. 12 p., L. 9 p.

Ces deux figures, peintes en buste seulement, ont fait partie des ornemens de l'église des Capucins de Parme. On voit au Musée royal de France quatre tableaux de la même forme, de la même grandeur, de la même main que ceux-ci, et provenant de la même église.

Boselli, que Lanzi appelle Bosello, florissait dès le commencement du XVIe. siècle.

BRONZINO (Angiolo).

19 Vénus et l'Amour : B., H. 19 p., L. 21 p.

Tandis que Cupidon, les ailes déployées, le carquois sur le dos, donne un baiser à sa mère et prend congé d'elle, la déesse, ayant aussi quelque cœur à blesser, prend une des flèches de son fils. Le lit de repos sur lequel elle est si nonchalamment étendue indique que la mollesse est la compagne ordinaire de la volupté. Les masques, groupés avec les armes de l'Amour, expliquent l'astucieuse facilité avec laquelle il sait changer de visage quand il veut accomplir quelque perfide ou malicieux dessein.

Aux formes un peu mâles de ces deux figures, on devine aisément quel fut le maître de Bronzin.

20 Portrait d'Homme : B., h. 30 p., l. 21 p.

Ce visage mâle, dont une barbe épaisse ombrage le menton, cette grande physionomie, cet air de dignité, annoncent un homme supérieur. Admirons-y la nature qui en a fourni le modèle ; donnons des éloges à l'art qui l'a rendu avec tant de vérité.

Ce noble personnage est représenté à mi-corps, coiffé d'une espéce de toque ou bonnet à quatre pointes, et vêtu d'une ample robe noire à grandes manches ; ses mains, posées l'une dans l'autre devant sa poitrine, tiennent une paire de gants.

Ce portrait, qui est vraisemblablement celui d'un magistrat, à en juger par la robe dont il est couvert, est gravé dans la traduction que nous a donnée M. Francillon, de la *Storia Pittorica* de l'abbé Lanzi.

21 Portrait à mi-corps d'une jeune Dame

portant la main à son collier : B., ᴴ.
37 p., ʟ. 29 p.

Un aspect agréable, une conservation parfaite, le mérite d'une belle exécution, nous
font une loi d'inviter les amateurs à ne point
passer indifféremment devant ce tableau. Si
le personnage n'en est pas connu, du moins
y admire-t-on l'ouvrage d'un maître géné-
ralement estimé.

22 Buste de Femme : B., ᴴ. 16 p., ʟ. 12 p.

Une qualité particulière aux portraits de
Bronzin, c'est cet émail, cette couleur aga-
tisée que nous remarquons dans celui-ci, et
qui résulte de la fonte parfaite de toutes les
teintes, ou si l'on veut d'un grand fini ; une
seconde qualité qui distingue encore cette
tête, c'est l'imitation scrupuleuse du naturel.

BRONZINO (Alessandro Allori, dit).

23 Portrait de Femme, à mi-corps et de
grandeur naturelle : B., ᴴ. 37 p., ʟ. 29 p.

Son riche vêtement, entr'ouvert par le
haut, laisse voir une partie de son sein ; une
de ses mains est pendante et sans action ; de
l'autre, elle tient son mouchoir. On voit à
sa droite un vase de fleurs placé sur une table ;

à sa gauche, sur un autre meuble, est un petit chien.

24 Portrait d'une Dame tenant un livre
fermé : B., h. 26 p., l. 19 p.

BUONAROTTI (École de Michel-Ange).

25 Le corps de Jésus détaché de la croix :
B., h. 12 p., l. 8 p. 6 lig.

Le corps du Christ est soutenu par deux
anges qui mêlent leurs larmes à celles de sa
mère. Ce tableau paraît bien être un de ceux
que les élèves de Michel-Ange peignaient
d'après ses dessins.

CALABRESE (Le chevalier Mattia Preti, dit Il).

26 Portrait de Femme, B., h. 21 p., l. 16 p.

On croit que c'est celui de l'épouse de l'auteur; si cela est vrai, la navette qu'elle tient
en main peut aussi faire supposer qu'elle s'é-
tait rendue fameuse dans l'art de la tapisse-
rie. Quoi qu'il en soit, on remarque dans ce
portrait une touche large et pleine de force,
de l'originalité dans le costume, et plus d'a-
grément dans le coloris que n'en ont ordinai-
rement les ouvrages du chevalier Calabrois.

CARRACCI (Annibale).

27 Bacchus, figure à mi-corps: B., octogone; H. 10 p., L. 6 p.

Le dieu des vendanges, buvant à pleine
tasse, a le front ceint d'une branche de vigne
chargée de ses fruits.

Le style d'Annibal perce trop évidemment
dans ce tableau, pour qu'on puisse douter de
l'exactitude de la dénomination sous laquelle
nous venons de l'inscrire; la tête de Bacchus,
par son extrême naturel, confirme bien ce
qu'on a écrit des Carrache touchant la règle
qu'ils avaient établie dans leur école, de
toujours prendre la nature pour leur premier
modèle.

28 Paysage: T., H. 21 p., L. 16 p.

Sur le premier plan, la femme d'un pê-
cheur fait remarquer à deux élégans personnages qui s'approchent d'elle, un enfant dont un crabe pince la main de manière
à lui faire jeter des cris. Ailleurs, un palfre-
nier va abreuver son cheval à une rivière

Nous conservons à ce bon tableau la dénomination sous laquelle il a toujours été
vendu, et qu'on nous assure n'avoir fait
naître aucun doute dans l'esprit des connais-

scurs. Telle est cependant la ressemblance qu'ont entre eux certains paysages du Carrache, du Dominiquin et même de Bolognèse, qu'on serait excusable en ne leur assignant pas leur véritable nom.

29 Paysage : T., H. 17 p., L. 21 p.

Des voyageurs se découvrent la tête en passant devant une image sainte attachée sur le tronc d'un arbre, au pied duquel est assis un pauvre mendiant; un autre homme à cheval cause avec un piéton. On voit à-peu-près le même sujet dans un petit tableau du Musée royal de France, où il est inscrit sous le nom du Carrache.

CARRACCI (Agostino).

30 Saint Augustin : C., H. 10 p., L. 7 p.

Ce père de l'Église est représenté à genoux, et en adoration devant la Vierge qui lui apparaît avec son fils, au milieu d'un cortège d'anges.

Ce petit tableau réunit à un dessin correct une grande délicatesse d'exécution.

ÉCOLE DES CARRACHE.

31 Portrait d'Homme à mi-corps et assis dans un fauteuil : T., H. 44 p., L. 33 p.

32 Paysage enrichi de Figures, représentant
le Triomphe de Bacchus : T., h. 22 p.,
l. 29 p.

CASTAGNO (Andrea del).

33 Saint Georges terrassant un Dragon :
B., h. 16 p., l. 13 p.

Saint Georges est monté sur un cheval
blanc. Sa lance s'étant brisée dans le corps
du monstre, il se dispose à le frapper de son
épée. Pendant ce temps, une jeune femme,
réfugiée à l'entrée d'un bois, invoque le ciel
pour son libérateur. On a supposé que
cette jeune fille désigne la Cappadoce que
les soins de saint Georges arrachèrent à l'ido-
lâtrie.

CIGNIANI (Le chevalier Carlo).

34 Bacchanale : T., h. 27 p., l. 34 p.

Une Bacchante presse une grappe de rai-
sin et en fait couler le jus dans une coupe
que lui tend un satyre. A leurs pieds est un
second satyre qui succombe à son ivresse.
Plus loin, d'autres bacchantes accompagnent en dansant le vieux Silène, dont les
jambes affaiblies par le vin sont suppléées

par deux faunes vigoureux. Que signifient ces deux enfans ailés qui s'amusent avec un miroir? Nous l'ignorons; mais il est évident qu'ils forment une agréable variété dans la composition de Cigniani.

Ce maître, dans plusieurs de ses inventions, s'est rapproché de l'Albane, son maître. Dans celle-ci on retrouve beaucoup du style des Carrache, et peut-être Annibal ne s'y fut-il montré ni praticien plus habile, ni meilleur dessinateur. Cela toutefois ne doit point étonner quand on songe que Cigniani fut un des quatre premiers peintres de son temps.

CORREGIO (Antonio Allegri ou Lieti, dit Il).

35 Le Christ au Jardin des Oliviers : T., h. 35 p., l. 27 p.

S'il est des peintures dont la dénomination et l'originalité, de quelqu'évidence qu'elles soient, aient avec cela besoin de titres ou de l'appui de traditions historiques, ce sont particulièrement celles du Corrège et de Raphaël. Nous dirons donc, au sujet du tableau dont il s'agit ici, qu'il a été découvert et acquis à Parme, où il jouissait d'une grande réputation, y étant regardé de temps

immémorial comme un ouvrage bien au-
thentique de la main d'Antonio, de cette
main presque divine qui a créé des prodiges
que l'art même a encore de la peine à com-
prendre et dont il s'enorgueillit comme de
ses plus beaux titres de gloire.

C'est à Parme, nous ne nous le dissimu-
lons pas, qu'il faut aller apprendre à connaître
le Corrége ; c'est-là qu'il doit avoir ses juges
les plus compétens. Arrêtons-nous donc sur
une opinion qu'il serait téméraire de notre
part de vouloir réviser, et convenons qu'en
analysant le tableau qui en est l'objet, nous
n'avons pu y méconnaître des caractéres qui
sont tout-à-fait en faveur de sa dénomination. Point de doute sur son originalité; as-
sez de repentirs en sont une preuve irrécu-
sable.

M. Francillon a fait placer une gravure de
ce Corrége dans sa traduction de Lanzi. Voici
en peu de mots comment il est composé :

Jésus, à genoux au pied d'un rocher, lève
avec tristesse ses regards vers le ciel, et en
voit descendre l'ange qui est chargé de lui
présenter la coupe d'amertume à laquelle il
vient de se résigner en se soumettant à la
volonté de son père. Sur un plan inférieur à
celui qu'occupe Jésus, et tout-à-fait sur le
devant du tableau, sont représentés les apô-

tres Pierre , Jacques et Jean, tous trois plongés dans le sommeil. Une lumière douce, émanant de l'esprit céleste , éclaire le rédempteur , se répand sur tout ce qui l'environne et dissipe en partie les ombres de la nuit. Dans le lointain on aperçoit, à la lueur de leurs torches, les gens armés auxquels Judas a vendu son maître. Nous le répétons, ce tableau, d'une suavité de pinceau parfaite, d'un riche empâtement de couleurs, n'est point une copie.

DOLCI (Carlo).

36 Saint Jean l'évangéliste, demi-figure : T., H. 24 p., L. 30 p.

Le Dolce , dont la plupart des ouvrages sont d'un fini si parfait qu'on pourrait en cela les comparer à ceux des plus excellens miniaturistes, a fait aussi de grands tableaux où la touche, plus coulante et plus sentie, sans être moins suave, décèle un pinceau libre qui s'affranchissait parfois de la contrainte qu'il s'était volontairement imposée. Le saint Jean que nous annonçons est peint de cette dernière manière. Le coloris, par sa sagesse, affecte agréablement la vue; la tête est expressive et d'un beau caractère. Le disciple chéri de Jésus, la main appuyée sur un livre, est supposé s'élever par la pensée jusqu'aux régions éternelles.

FERI (Ciro).

37 Le Baptême de Clovis : T., h. 28 p., l. 20 p.

FETI (Domenico).

38 Groupe de Soldats jouant aux dés sur un tambour, près des ruines d'un vieil édifice : T., h. 27 p., l. 35 p.

FRA BARTOLOMEO (Baccio della Porta, surnommé).

39 La Vierge et l'Enfant-Jésus invoqués par saint Pierre, saint Paul, saint Jean-Baptiste et autres saints personnages : B., h. 54 p., l. 72 p.

Exhaussée sur un trône, la main droite appuyée sur l'épaule de son divin fils, la bienheureuse Marie regarde avec une touchante bonté trois saints personnages placés à la gauche de son trône, et qui sont censés implorer sa protection ; à sa droite, se voient saint Pierre et saint Paul, apôtres, accompagnés de saint Jean-Baptiste auquel Jésus donne sa bénédiction.

2..

L'originalité de ce tableau est pour nous de toute évidence ; il en est de même de la dénomination sous laquelle il est inscrit. Pourquoi faut-il qu'une peinture aussi rare, aussi capitale, aussi belle, due au talent d'un aussi grand peintre, ne soit pas en même temps d'une parfaite conservation. Telle qu'elle est, nous la regardons encore comme d'autant plus précieuse que son dommage n'est pas irréparable.

40 **Saint Michel-Archange et saint Jean-Baptiste : B., H. 10 p., L. 21 p.**

Saint Michel, armé d'une épée et soulevant une balance, foule aux pieds un monstre qu'il a terrassé.

Saint Jean, une croix à la main et censé prêchant, indique, par l'action de sa main droite tournée vers le ciel, qu'il instruit ses auditeurs des voies qu'ils doivent suivre pour y parvenir.

GAROFILO (Benvenuto Tisio, dit).

41 **La Sainte-Famille, accompagnée de deux autres personnages : B., H. 15 p. 6 lig., L. 15 p.**

Plusieurs choses concourent à donner aux

productions de Benvenuto Tisio une physionomie toute particulière, d'abord le goût
de dessin qu'il puisa dans l'école de Raphaël,
joint à ce qu'il conserva de la force et de la
vivacité du coloris vénitien ; en second lieu,
ses airs de têtes, sa manière de former les
plis des draperies et l'exquise suavité de son
pinceau.

La Vierge, assise sur un trône, tend les
bras à son fils que lui ramène une parente
aux soins de laquelle elle a bien voulu le
confier un moment. On sait ce qu'est une
mère aux yeux de son enfant, avec quelle
inquiétude il s'en sépare, avec quelle joie il
s'en rapproche. Garofilo a parfaitement ex-
primé l'effet de ce charme maternel. On sent
bien par le mouvement animé de Jésus l'ef-
fort qu'il fait pour échapper à la main qui le
retient et se précipiter dans celles de la tendre Marie. Une autre parente de la Vierge est
debout à côté d'elle ; du côté opposé se tient
gravement saint Joseph. Un rideau est attaché **au-dessus** du trône de la Vierge ; des
ruines, un paysage, composent le fond du
tableau.

42 Une Sibylle : B., н. 16 p., l. 11 p.; forme
cintrée.

La prophétesse debout, la main sur un

livre, paraît frappée d'une inspiration divine. Ce tableau était à Rome dans la collection du comte Cardelli.

GIOTTO.

43 La Salutation Angélique : B., H. 9 p., L. 14 p. 6 lig.

GIORGIONE (Giorgio Barbarelli, dit).

44 Le Jugement de Pâris : T., H. 16 p., L. 20 p.

Vénus, aidée du puissant secours de Cupidon, obtient de Pâris le prix de la beauté. M. Francillon a placé, à la page 140 de sa traduction de Lanzi, une gravure au trait de cet intéressant et rare tableau.

GIOVANNI ANGELICO (B. Giovanni da Fiesole, dit).

45 Quatre Tableaux qui ont besoin d'être restaurés, et qui le méritent à cause de leur extrême rareté. Ils représentent à mi-corps saint Pierre, saint Marc, sainte Catherine et une autre Sainte : B., H. 25 p., L. 16 p.

LANFRANC.

46 Petite Esquisse représentant la Cêne de Jésus : T., ʜ. 6 p., ʟ. 12 p.

MARATTI (Carlo).

47 Diane et Actéon : T., ʜ. 19 p., ʟ. 25 p.

Assise dans une grotte, au pied d'un rocher d'où s'échappe une abondante source, la déesse tourne le dos au chasseur qu'elle vient d'apercevoir, et commande à ses nymphes de se cacher. A sa voix, une d'elles s'enfuit en étendant une draperie au moyen de laquelle elle se dérobe à la vue d'Actéon ; une autre se tient blottie sur le bord d'un ruisseau et envie le sort de celles de ses compagnes qui ont déjà gagné les endroits les plus obscurs de la grotte.

Quelques productions de Maratte sont plus caressées que celle-ci ; mais aucune n'atteste mieux son savoir et la grâcieuse facilité de son pinceau.

MAZZUOLI (Girolamo).

48 La Sainte-Famille : T., ʜ. 50 p., ʟ. 38 p.

Jésus, assis sur les genoux de sa mère,

tient un chardonneret à sa main ; saint Joseph
est debout à la droite de Marie.

Une restauration mal faite a singulièrement dénaturé ce tableau.

MEMMI DE SIENNE.

49 La Mort d'une sainte Femme : B., fond
doré, H. 8 p., L. 13 p.

La mourante est étendue sur un lit qu'entourent neuf clercs en habit de cérémonie,
les uns portant des cierges, d'autres une
croix et un bénitier. Le plus âgé, l'aspersoir
à la main, répand l'eau sainte sur la mourante
et invoque les grâces du ciel en sa faveur.

MOLA (Francesco).

50 Madeleine pénitente : T., H. 12 p., L. 9 p.

La célèbre pécheresse est à genoux, les
yeux fixés sur une tête de mort ; au-dessus
d'elle planent deux esprits célestes tenant
une couronne étoilée, symbole de l'éternelle
gloire dont elle s'est rendue digne par sa con-
trition. Ce tableau est gravé.

51 Le même Sujet : T., H. 18 p., L. 21.

Les cheveux épars sur sa poitrine à moitié

nue, les yeux remplis de larmes et tournés vers le ciel, la triste pénitente implore de la miséricorde infinie la rémission des fautes qui souillèrent sa trop ardente jeunesse. Deux chérubins voltigent près de Madeleine, et sont témoins de ses repentirs.

52 Repos de la Sainte-Famille sur le devant d'un paysage savamment exécuté : T., H. 29 p., L. 35 p.

MORONI.

53 Portrait d'Homme : T., H. 38 p., L. 29 p.

C'est sans doute celui d'un noble Vénitien. Il est représenté nu-tête, à mi-corps, vêtu de noir, la main gauche sur la hanche et montrant de la droite une espèce de joyau. Près de lui est une table sur laquelle on remarque un écrin.

ORSI (LELIO, autrement LELIO DE NOVELLARO).

54 Buste de Jésus : T., H. 19 p., L. 16 p.

Il a été fait une gravure d'après ce tableau. La tête de Jésus est belle autant qu'expressive, et respire éminemment cette bonté, cette charité infinie qui sont la base éternelle des saints préceptes de l'Homme-Dieu.

PALMA le Vieux (Jacopo).

55. La Sainte-Famille accompagnée de sainte Catherine.

Ce tableau, dont on voit une estampe dans l'ouvrage de M. Francillon, mérite la double qualification de morceau capital et rare. Son ordonnance symétrique conserve beaucoup du style ancien, c'est-à-dire du style des maîtres qui ont précédé Léonard, Michel-Ange et Raphaël. La Vierge est assise au milieu de la composition; aux deux côtés sont placés debout sainte Catherine et saint Joseph, celui-ci à la droite de son épouse, sainte Catherine du côté opposé. Jésus, assis sur les genoux de sa mère, a le bras droit levé et bénit les fidèles qui sont supposés l'adorer.

Il n'est pas d'amateurs qui ignorent combien les ouvrages de Palma-le-Vieux ont été loués sous le rapport de l'union des teintes, de la transparence et de la vivacité du coloris.

56 La Vierge, l'Enfant-Jésus et deux autres saints personnages : T., h. 17 p., l. 15 p.

Marie tient son fils sur ses genoux; à sa

gauche est un moine et à sa droite sainte Catherine d'Alexandrie.

PALMA VECCHIO (D'après JACOPO).

57 Saint Jérôme dans le désert : C., H. 10 p.
6 lig., L. 8 p.

> Ce petit tableau, apporté d'Espagne, était
autrefois dans le palais du *Retiro*. Il en existe
une gravure.

PANFILO (GIOSEFFO NUVOLONE, dit).

58 Lucrèce se poignardant : B., H. 6 p.,
L. 4 p.

PARMIGIANINO (FRANCESCO MAZZUOLI dit IL).

59 Un Prophète et une Sibylle : B., H. 24 p.,
L. 16 p.

> Ces deux tableaux nous ont trop frappés
pour oublier d'appeler sur eux l'attention des
connaisseurs. On y remarque un style plein
de dignité, un grand goût de dessin, un
pinceau plus large et plus d'empâtement de
couleur que dans la plupart des ouvrages de
ce maître. Cette dernière qualité il la tenait

de l'imitation du Corrège ; mais ce fut après avoir vu Raphaël et Jules Romain qu'il acquit cette noblesse et cette élévation qu'on ne peut se défendre d'admirer dans les deux figures désignées ci-dessus.

60 Jupiter et Léda, peinture en Camaïeu : T., h. 23 p., l. 29 p.; gravé dans l'ouvrage de M. Francillon.

PESARESE (Simone Cantarine, dit le).

61 Repos de la Sainte-Famille pendant sa fuite en Egypte : T., h. 30 p., l. 25 p.

La Vierge est assise au pied d'un arbre et tient son fils dans ses bras; à quelques pas d'elle est un ruisseau où son époux lave complaisamment les langes de Jésus. Gravé dans l'ouvrage de M. Francillon.

PREVITOLI (Andrea).

62 Sujet mystique : B., h. 16 p., l. 10 p. 6 lig.

Trois saints personnages, parmi lesquels est saint Jean, sont réunis dans la partie inférieure du tableau. Dans le haut, sur des nuages et au milieu d'anges qui forment un concert, est la sainte Vierge tenant l'Enfant-Jésus sur ses genoux.

La composition de ce tableau se ressent de l'ancien goût; mais il y a dans le coloris le brillant du Vénitien, et quelque chose dans l'ordonnance de la partie supérieure, qui n'est pas étranger au style des Carrache qu'il précéda d'un demi-siècle.

PULIGO (Domenico).

63 La Vierge, son Fils et le jeune saint Jean-Baptiste : B., н. 22 p., l. 17 p.

Disciple et ami d'Andrea del Sarte, Puligo emprunta beaucoup du style aimable de son maître, beaucoup de la fraîcheur et de la transparence de son coloris. Ce tableau et bien d'autres en font foi; il y a même de ses Madones qu'on croit avoir été dessinées par André, tant elles ont de la grâce de ce dernier.

ROSSO.

64 Plusieurs Anges tenant des torches allumées, veillent sur la dépouille mortelle du Sauveur, détaché de la croix : B., н. 9 p., l. 13 p.

SALVATORE ROSA.

65 Choc de Cavalerie. Un Soldat tombé de
son cheval, sous les coups de son en-
nemi, est étendu sur la poussière : T.,
н. 21 p., L. 20 p.

66 Sujet du même genre.

67 Paysage : T., н. 14 p., L. 9 p.

Le point de vue se compose d'un port,
d'une rivière et de rochers. Plusieurs figures
ornent le premier plan.

Ce petit tableau est d'une couleur claire et
parfaitement dégradée ; les autres sont d'une
teinte vigoureuse, variés, animés pour ainsi
dire, et pleins de feu. Quant au *faire*, il est,
dans les trois morceaux que nous venons
d'inscrire, de cette franchise, de cette soli-
dité qu'on distingue dans les différens genres
de peinture que Salvatore cultiva, et qu'il
traita tous avec autant de réussite que d'originalité.

SAMACCHINI (Orazzio).

68 Jésus dormant sur les bras de sa mère :
B., н. 14 p. 6 lig., L. 12 p. 6 lig.

Marie presse contre son sein ce fils qui lui

(35)

est si cher, et paraît distraite par le vol d'un chérubin.

Ce tableau est encore un de ceux dont M. Francillon nous a donné les gravures dans son ouvrage.

SASSO FERRATO (Giovanni Battista Salvi, dit).

69 La Vierge et l'Enfant-Jésus : T., forme ronde; diamètre 25 p.

Ce tableau, quoique plus librement peint que ne le sont en général ceux de Sasso Ferrato, porte évidemment et dans toutes ses parties le cachet de ce maître. La figure de Marie est belle, pleine de grâce et d'une expression qui rend bien ce que le tendre cœur d'une mère éprouve de ravissement et de bonheur en contemplant un fils nouveau-né. Deux chérubins, par le mouvement de leurs ailes, rafraîchissent l'air que respire Jésus, qui est aussi pour eux un objet d'admiration.

SCHEDONE (Bartolommeo).

70 *Ecce Homo* : B., h. 9 p., l. 7 p.

Pour sentir toute la sublimité du caractère de cette tête, il ne faut pas oublier qu'ici le Verbe incarné, le fils de Dieu est représenté

comme étant en butte à la dérision, aux ou-
trages d'un peuple grossier ; qu'à cet odieux
traitement se mêlent les douleurs aiguës que
lui cause sa couronne d'épines, et qu'enfin,
malgré tant de souffrances physiques et mo-
rales, son front ne doit respirer que la douceur, le calme et l'humilité. On conçoit la
difficulté d'atteindre à l'idéal d'une pareille
figure, et de quel sentiment exquis de l'expression il faut être doué pour allier sur un
même visage l'effet d'une douleur profonde,
à la plus héroïque tranquillité ; le Schedone
a complètement vaincu cette difficulté dans
le petit tableau dont nous parlons ; aussi, un
de nos plus excellens peintres, le *gracieux*
Prudhon, qui le possédait avant M. Francillon, en faisait-il ses délices.

71 La Décollation de saint Jean-Baptiste : T.,
H. 27 p., L. 20 p.

Salomé, fille d'Hérodias, tient en main la
tête du précurseur ; derrière elle est le bour-
reau qui vient lui prêter son cruel ministère. La manière du Schedone est ici de
toute évidence.

72 Copie faite d'après le fameux tableau
qu'on nomme vulgairement *le saint
Jérôme du Corrège;* outre que le nom

du Schedone la rend précieuse, il faut convenir qu'elle donne une très juste idée de l'original : B., н. 17 p., L. 12 p.

73 Autre copie, ou tableau de l'école de Schedone, représentant la Sainte-Famille : T., н. 12 p., L. 11 p.

SPADA (Lionello).

74 Sainte Cécile : T., н. 36 p., L. 26 p.

Elle est représentée à mi-corps, une viole à la main et chantant les louanges du Seigneur.

Cette figure a tant de charme et d'expression, le *faire* en est d'un si bel empâtement, la touche si ferme, l'effet si vigoureux, qu'elle nous paraît incontestablement originale, quoiqu'elle ne soit pas unique. M. Francillon la tenait pour être du Dominiquin, mais nous avons cru y reconnaître la brosse énergique du Spada, jointe à cette couleur forte qu'il avait puisée dans l'école du Caravage, à dessein de l'opposer à celle du Guide, de la main duquel on connaît une sainte Cécile à-peu-près semblable à celle-ci.

TASSI (Agostino Buonamici, surnommé), et GENTILESCHI (Orazzio Lomi).

75 Les Nymphes de Diane s'exerçant à tirer de l'arc : T., u. 35 p., l. 48 p.

Ces figures sont de la main de Gentileschi, excellent peintre d'histoire ; le paysage seul est du Tassi. L'exécution en est grande, la couleur chaude, vraie, riche en nuances et savamment dégradée ; en un mot, on voit que ce paysage a été créé par un praticien habile, un homme vivement pénétré de la nature.

Aussi heureux, le Gentileschi en a doublé l'intérêt par le nombre, l'élégance, la vie, la souplesse de ses figures. Diane présidant à l'exercice de ses nymphes et leur apprenant elle-même à manier l'arc, montre à celles qui atteindront le but les prix destinés à leur adresse. Plus loin, d'autres nymphes s'amusent à se baigner, et plus loin encore deux de leurs compagnes avancent chargées d'un chevreau qu'elles viennent de tuer.

76 Paysage : T., u. 24 p., l. 18 p.

Jean Miel y a placé deux belles figures. Ce sont des pêcheurs dont l'un retire son filet de l'eau d'un torrent pour suivre son camarade qui lui conseille de venir chercher fortune ailleurs.

TIEPOLO (Giovanni Battista).

77 Portrait d'Homme, d'une carnation brune, nu-tête et à mi-corps : T., h. 32 p., l. 20 p.

78 Portrait de Femme. Elle est en partie vue par le dos et vêtue d'une robe verte à manches blanches. Même grandeur que le précédent tableau.

TINTORETTO (Jacop Robusti, dit Il).

79 Jésus guérissant les malades à la Piscine; riche composition : T., h. 38 p., l. 66 p.

Un dessin et des tours de figures qui tiennent de ceux de Michel-Ange, un coloris plein de fraîcheur et de vivacité, sont les deux caractères qui distinguent le Tintoret entre tous les autres peintres vénitiens, et le font reconnaître dans ce tableau.

80 Portrait d'Homme : T., h. 33 p., l. 26 p.

Il a la tête nue, un vêtement noir et les deux mains dans sa ceinture.

3...

TIZIANO (Le chevalier Tiziano Vecellio).

81 Le Couronnement d'épines : B., h. 27 p., l. 20 p.

> C'est le moment où des soldats exposent Jésus à la porte du prétoire , où ils le couvrent d'ignominie, le frappent et lui enfoncent une couronne d'épines sur la tête.

> Généralement regardé comme la première pensée de celui qu'on voit au Musée royal de France, et qui est compté parmi les chefs-d'œuvre du Titien, l'exécution en est pleine d'énergie et la couleur telle qu'on peut la désirer dans une peinture de cet ordre éminent.

TORREGIANI (Bartolommeo).

82 Paysage : T., h. 18 p., l. 24 p.

> Un pêcheur tend ses hameçons dans les eaux bouillonnantes d'un torrent.

VANNI (Francesco).

83 La Sainte-Famille : T., h. 25 p., l. 19 p.

> Un ange présente à la Vierge des fruits pour l'Enfant-Jésus qu'elle tient à son cou.

La même composition, en petit, se voit parmi les tableaux du Musée royal de France. Gravé dans l'ouvrage de M. Francillon.

VERONESE (Paolo Cagliari, dit Il).

83 *bis*. Le Portrait du frère de cet artiste : T., h. 44 p., l. 30 p.

84 Autre Portrait d'un noble Vénitien : T., mêmes dimensions que le précédent.

Ces deux figures sont habillées de noir, vues à mi-corps et de grandeur naturelle. Les têtes sont pleines de vie et d'un relief étonnant ; l'exécution en est rendue avec tant d'art, qu'on n'y distingue ni les couleurs de la palette, ni le travail du pinceau.

VERONESE (Carletto Cagliari).

84 *bis*. Les Noces de Cana : T., h. 48 p., l. 48 p.

Il convient de remarquer ici que cette composition n'a aucun rapport avec celle de Paul, ni pour l'ordonnance, ni pour les figures, ni pour les moindres détails. Aux deux côtés de la table qui se dessine en raccourci, se voient des buffets garnis de vaisselle et plusieurs valets occupés à servir les convives.

Nous ajouterions ici quelques mots touchant le coloris de ce tableau, si le nom seul de Véronèse n'était beaucoup plus significatif que tout ce qu'on pourrait dire sur ce sujet.

85 Portrait de Femme peinte à mi-corps : T., h. 48 p., l. 36 p.

Elle est debout près d'une table où elle pose la main. Sa parure, qui est d'une grande richesse, annonce une femme de qualité. Ce portrait est un des plus beaux de la collection.

VIOLA (Giovanni Battista).

86 Paysage historique : T., h. 15 p., l. 18 p.

Le jeune Tobie, accompagné de l'ange Raphaël, porte le poisson dont le fiel doit rendre la vue à son père.

Viola, condisciple de Bolognèse, s'est, comme celui-ci, fait un nom parmi les paysagistes de l'école des Carrache.

VIVIANI (Viviano Cadagora, généralement appelé).

87 Port de mer d'Italie : T., h. 28 p., l. 44 p.

Autre Vue d'un Port de mer : T., h. 27 p., l. 24 p.

Ce qui ajoute beaucoup au mérite de ces deux tableaux, c'est le grand nombre de figures bien dessinées dont Jean Miel s'est plu à les enrichir.

Quelques personnes ont donné le nom de Salvious à des tableaux exécutés par la même main que ceux-ci, et ce Salvious est probablement le Silvouch dont parle d'Argenville à l'article de Jean Miel. Mais il est constant pour nous que ce sont des ouvrages de Viviano, grand peintre d'architecture et de perspectives, et qui, faute de savoir dessiner la figure, eut toujours besoin de recourir tantôt à Jean Miel, tantôt au Cerquozzi ou au Gargnioli.

UGGIONE (Marco).

88 L'Enfant-Jésus dans les bras de sa mère : B., h. 19 p., l. 15 p. 6 lig.

Marie est vue à mi-corps et contemple

son fils avec le tendre ravissement d'une heureuse mère. Les regards de Jésus sont dirigés sur le spectateur.

Les ouvrages d'Uggione ont beaucoup du style de Léonard. Dans celui-ci on admire surtout un précieux fini joint à beaucoup de grâce et de naïveté. Nous ne saurions trop inviter les amateurs à ne pas le perdre de vue, rien ne devenant plus rare qu'un tableau italien aussi agréable et aussi parfait.

ÉCOLE ESPAGNOLE.

ESCALANTE (Jean-Antoine).

89 Saint Jean-Baptiste enfant et jouant avec son agneau : T., h. 37 p., l. 30 p.

Les écrivains espagnols nous disent que Escalante fut surnommé le Tintoret de l'Espagne. Mais en examinant bien ce tableau, dont la couleur et le dessin semblent empruntés de Vandyck, il est manifeste que les ouvrages de ce dernier peintre ne contribuèrent pas moins à l'instruction de Escalante que ceux du Vénitien que nous venons de nommer.

Le saint Jean-Baptiste qui fait le sujet de cet article, provient de la riche collection de peintures espagnoles que M. le comte de la Forêt avait formée à Madrid pendant son ambassade, et que nous fûmes chargés de vendre au mois de janvier 1822.

MURILLO (Barthélemi-Étienne).

90 Paysage pastoral : T., h. 23 p., l. 29 p.

Deux pâtres, accompagnés d'un chien qui

repose à leurs pieds, gardent, au milieu d'une campagne inculte et découverte, un petit troupeau de vaches et de brebis. Tout près du lieu qu'ils ont choisi, quelques oies s'ébattent dans le bord d'un étang qui est censé s'étendre en dehors du point de vue.

Cette peinture est d'un coloris aussi vrai, qu'elle est naïve et simple dans sa composition. En général, c'est-là le caractère des paysages de Murillo. Celui-ci provient de la collection de tableaux espagnols dont il est parlé dans l'article précédent.

MARIA DE FIORI (Gaspero Lopez, dit).

91 Quatre grands et très bons Tableaux représentant des Fleurs et des Fruits.

ÉCOLES DE HOLLANDE,

DE FLANDRE ET D'ALLEMAGNE.

ASSELYN (Jean).

92 Repos de Chasseurs : T., h. 24 p., l. 18 p.

Deux chasseurs reprennent haleine et respirent tranquillement le frais à l'ombre des voûtes en partie ruinées d'un antique édifice. Leurs chiens se reposent près d'eux sans effrayer ni la timide brebis, ni l'agile chevreau qui paissent çà et là dans leur voisinage.

Ce tableau est de la belle manière d'Asselyn et ne se ressent nullement de la couleur rougeâtre des ouvrages de son dernier temps.

BORSUM (Adam Van).

93 Paysage avec animaux : T., h. 18 p., l. 24 p.

Sur le devant d'une plaine un villageois,

accompagné d'un enfant, conduit un troupeau de vaches et de brebis ; à une grande distance on aperçoit un *post-wage* découvert, rempli de voyageurs. Dans ce tableau, qui se rapproche à-la-fois de Van Borsum et de Camphuysen , règne un grand air de vérité.

BRÉENBERG (Bartholomée).

94 Vue des environs de Rome : T., H. 36 p., L. 42 p.

Sur le premier plan, à main gauche, se présentent les ruines du temple d'Antoine et Faustine ; plus loin celles du temple de la Paix et du Colysée ; dans le fond on aperçoit une partie du Campo Vaccino et les trois colonnes restantes du temple de Jupiter Stator. Plusieurs figures animent l'avant-scène du tableau.

BRIL (Paul).

95 Amphion sur les eaux : T., H. 18 p., L. 27 p.

Paul Bril a introduit ce sujet dans un paysage où la vue se porte, à main droite, sur une vaste étendue de mer. A main gauche, des arbres ombragent une partie du premier plan. Les figures sont nombreuses et bien groupées, les moindres détails rendus avec beaucoup de soin.

Assis sur le dos d'un dauphin et pinçant sa lyre, Amphion s'avance vers le rivage au grand étonnement d'une foule de spectateurs. On distingue dans le lointain un port rempli de vaisseaux et défendu par des tours placées sur le sommet d'un rocher.

96 Paysage enrichi de quelques figures, et en partie baigné par une rivière : B., H. 4 p., L. 5 p. 6 lig.

97 Paysage : C., H. 6 p. 6 lig., L. 5 p.

Deux bouquets d'arbres, placés aux deux côtés du tableau, encadrent pour ainsi dire une grande étendue de pays couverte par les eaux de la mer. Sur le devant est représentée la Sainte-Famille. Les plans de ce petit paysage sont bien dégradés, les arbres bien dessinés et touchés avec autant de finesse que de netteté.

CALVART (Denis).

98 L'Adoration des Bergers : B., H. 15 p., L. 19 p.

Couché sur un peu de paille au milieu de

l'étable où il vient de naître, le Fils de la Vierge est entouré des bergers qui sont accourus à la voix de l'ange pour lui rendre hommage.

Calvart commença le grand œuvre que les Carrache achevèrent si glorieusement ; nous voulons dire que ce fut lui qui fit les premiers efforts pour relever la peinture de l'état d'abaissement où il l'avait trouvée dans Bologne. Vanter pour l'abondance des figures et l'esprit de la composition les petits tableaux dont il enrichit plusieurs villes d'Italie, c'est louer en même temps celui-ci.

CRANACH (Lucas Mulier, dit Luc de).

99 Portrait d'Homme : B., H. 20 p., L. 17 p.

Il est à mi-corps, coiffé d'une large toque et vêtu d'un justaucorps par dessous un manteau.

DIEPENBEKE (Abraham).

100 Mercure et Argus : T., H. 27 p., L. 41 p.

Chargé par Jupiter de tuer Argus, et de rendre la liberté à la vache Io, Mercure, par les sons de sa flûte charme et endort le vigilant gardien.

Ce tableau, qui est gravé sous le nom de

Rubens, est d'un coloris si harmonieux et si
flatteur, d'un pinceau si franc et si léger,
qu'on est tout près de le croire de la main
de cet artiste célèbre.

DU MOUTIER.

101 Portrait d'une jeune Femme, vue à mi-
corps et très richement vêtue : B., ov.,
H. 6 p., L. 4 p. 6 lig.

DYCK (Philippe Van).

102 Suzanne surprise au bain par les vieillards : C., H. 20 p., L. 16 p.

Debout sur le bord d'un bassin, occupée
de sa chevelure, Suzanne tourne le dos aux
deux vieillards, sans se douter de leur pré-
sence. Ceux-ci, transportés d'admiration à la
vue de tant de charmes dévoilés, semblent
oublier leur criminel projet.

FLINCK (Govaert).

103 Saint Jean-Baptiste devant Hérode An-
tipas : B., H. 6 p. 6 lig., L. 9 p. 6 lig.

C'est l'instant sans doute où Jean reproche
avec fermeté au prince de Gallilée, son ma-

riage avec la femme de son frère. On sait que
cette remontrance à laquelle Hérodias est ici
présente, fut la cause de la mort du précurseur.

Ce petit tableau est tout-à-fait *Rembra-
nesque.*

GOFFREDI (Geoffroy Waals, surnommé par les Italiens).

104 Deux Paysages : C., forme ronde; diamètre, 9 p.

Le ton argentin de ces deux petits tableaux, les ruines et les petites figures dont
ils sont ornés, la manière dont ils sont peints,
leur donnent beaucoup de ressemblance avec
ceux de Bréenberg dont Waals fut peut-être
l'élève, comme le dit d'Argenville. Selon
Lanzi, Waals aurait eu le Tassi pour maître.

HEEMSKERK (Egbert).

105 Deux Intérieurs de Tabagie : B.

Peu de tableaux de Heemskerk plaisent
autant que ceux-ci ; peu réunissent aussi
complètement la transparence de la couleur
à l'entente du clair obscur, la touche la
plus franche au moelleux le plus parfait.

HELST (Bartholomée).

106 Portrait à mi-corps d'un homme assis dans un fauteuil et vêtu de noir : T., H. 30 p., L. 24 p.

JANSSENS (Honoré).

107 La Main-Chaude : T., H. 24 p., L. 36 p.

A ce jeu se récrée une société de personnages des deux sexes et d'un extérieur distingué. Cet amusement a lieu dans un jardin, à la porte d'une riche habitation.

Il y a de la douceur et beaucoup d'harmonie dans ce tableau ; les figures en sont agréables, vives, bien groupées et d'une grande variété.

KABEL (Adrien Vander).

108 Paysage : T., H. 19 p., L. 25 p.

Il est traité dans le goût de ceux de Gaspar Dughet et orné d'un sujet tiré de la mythologie (Daphnée poursuivie par Apollon).

Pendant long-temps les paysages de Vander Kabel ont passé chez nous pour des ouvrages de la première manière de Gaspar ;

4

mais, si l'on y fait bien attention, il y a quelque chose dans la touche de l'imitateur qui le décèle partout où il veut se cacher.

108 *bis*. Autre Paysage du même genre : T., H. 28 p., L. 35 p.

LELI (Le chevalier).

109 Portrait de Femme : T., H. 48 p., L. 36 p.

Elle est à mi-corps et caresse de la main droite un petit épagneul.

Leli a marché sur les traces de Vandyck et s'est élevé quelquefois à la même hauteur.

LEYDEN (Lucas Van).

110 Portrait de Femme vêtue de noir, une capotte sur la tête et les mains réunies au-dessous de sa poitrine : B., H. 12 p., L. 9 p.

MABUSE (Jean de).

111 Jeune Femme écrivant une lettre : Figure à mi-corps ; B., H. 13 p., L. 9 p.

MAES (Nicolas).

112 Portrait de vieille Femme : T., h. 26 p.,
L. 20 p.

Elle a la tête affublée d'une draperie
jaune et les épaules couvertes d'une mante
doublée de fourrure; sur son visage sont
gravés profondément tous les signes de la
décrépitude. Morceau d'une rare vérité.

113 Portrait d'Homme : T., h. 21 p., L. 17 p.

Il est debout, à mi-corps, la main gauche
sur la hanche et le bras droit accoudé sur le
piédestal d'une colonne. Le fond du tableau
représente un parc.

MIERIS (François Van).

114 Artémise pleurant la mort de Mausole :
B., forme cintrée; h. 21 p., L. 17 p.

Mieris, voulant sans doute que cette
composition se ressentît du luxe asiatique,
l'a embellie d'accessoires de la plus grande
magnificence et rendue avec cette perfection
qui fait le charme de tous ses ouvrages.

Le visage inondé de pleurs, les yeux tournés vers le ciel, Artémise conjure les dieux
d'abréger les souffrances que lui cause la

mort de Mausole. Une estrade, couverte d'un tapis de Perse et couronnée d'un baldaquin soutenu par quatre colonnes de marbre, occupe le milieu du tableau. C'est là qu'est placée debout et richement vêtue l'infortunée reine de Carie. Un jeune garçon est près d'elle, la vue baissée, et attend ses ordres. Au bas de l'estrade, un autre serviteur à genoux tient l'urne où sont renfermées les cendres chéries de l'époux qu'elle pleure et dont elle veut que ses propres entrailles soient désormais l'unique tombeau. Un garde, armé d'une lance, est sur le devant de la scène ; dans le fond se voient encore deux femmes attachées au service d'Artémise, et que la compassion excite à observer tous ses mouvemens.

On voit, par tous les détails et le nombre de figures dont ce bel ouvrage est composé, qu'on peut avec assurance le ranger parmi les plus capitaux de Mieris.

115 Cléopâtre cédant à la résolution qu'elle a prise de se donner la mort : B., h. 17 p., l. 14 p.

Ce tableau ne le cède point en richesse à celui qui précède ; le fini des détails est le même ; partout même charme et même perfection.

(57)

La reine d'Égypte ne pouvant plus se
soustraire que par la mort à la honteuse cap-
tivité dont elle est menacée, présente son
bras à un aspic qu'elle s'est fait apporter dans
une corbeille de fruits. Le valet respectueux
et fidéle qui n'a pu lui refuser ce triste office,
est agenouillé près de la corbeille. A la vue
du dangereux reptile, une suivante devine
l'intention de Cléopâtre et détourne la tête
en jetant un cri d'effroi qui fait accourir une
de ses compagnes.

Tous les tableaux de François Mieris ne
sont pas aussi heureusement composés que
celui-ci, et nous serions bien étonnés si les
amateurs n'en faisaient pas la remarque.

MILLÉ (Jean-Francisque).

116 L'Enlèvement de Proserpine : T., h.
24 p., l. 36 p.

Ce trait de la mythologie est représenté
en petites figures élégamment dessinées dans
un paysage que l'auteur a composé avec ce
goût et cette supériorité de talent qu'il a toujours montrée pour ce genre de peinture.
L'effroi se répand parmi les compagnes de
Proserpine ; en vain celle-ci se débat dans
les bras nerveux de Pluton ; les abîmes du

Tartare s'ouvrent déjà devant le ravisseur, et ses chevaux fougueux vont s'y précipiter.

MORELS (Paul).

117 Deux Portraits d'Homme et de Femme : B., h. 48 p., l. 32 p.

Celui d'homme est représenté nu-tête, la main gauche sur la hanche et vêtu de noir.

La femme est aussi vêtue en noir et tient un éventail.

Dire que ces deux portraits sont comparables à ceux de Vanderhelst sous le nom duquel ils ont été vendus ci-devant, ce n'est point en exagérer le mérite, mais leur payer bien justement le tribut d'éloges qui leur est dû.

MOUCHERON (Frédéric de).

118 Paysage : B., h. 14 p., l. 12 p. 6 fig.

Jean Lingelbach a orné ce tableau de plusieurs figures si jolies, si moelleusement exécutées, qu'au premier aspect on les croit de la main de Vandevelde. Sur le devant, dans un large chemin ombragé par une haute colline, est un voyageur resserrant la sangle d'une bête de somme, tandis qu'un rustre qui est près de lui frappe son âne à coups de bâton sans parvenir à vaincre son indocilité ; sur un autre plan est un colporteur assis à terre, la hotte sur le dos, et ailleurs une femme menant un enfant par la main. A l'extrémité du chemin, sous un rocher taillé en voûte, se voit encore un autre homme conduisant des bestiaux. Sur la colline enfin s'élève une tour parmi beaucoup d'arbres dont le feuillé est rendu avec autant de goût que de légèreté.

ORIZZONTE (François Van Bloemen, dit).

119 Paysage : T., h. 36 p., l. 48 p.

C'est une vue de Gondolfo, près Albani, à dix lieues de Rome. On y remarque sur une colline un château appartenant au chef de l'Église. Sur le devant deux Italiens se reposent sur le bord d'un chemin.

120 Deux Paysages faisant pendans : T., h. 30 p., l. 37 p.

Peu de tableaux d'Orizzonte sont d'une aussi belle manière, on pourrait dire aussi *Poussinesque*, que ceux-ci. L'un est une vue de Tivoli du côté du temple de la Sibylle, l'autre représente les environs d'une *villa*, ou maison de plaisance des campagnes de Rome.

121 Paysage : T., H. 27 p., L. 35 p.

Sur le devant paît un nombreux troupeau de chèvres gardé par un berger.

Dans la couleur brillante et franche de ce tableau, et surtout dans les tons aériens de ses lointains, se reconnaît bien le paysagiste que les Italiens ont nommé Orizzonte à cause de ses atmosphères vaporeuses. On y retrouve encore le travail facile d'un pinceau toujours attentif à marcher sur les traces de Poussin.

ROMBOUTS (Théodore).

122 Joueurs de Cartes, représentés à mi-corps et de grandeur naturelle : T., H. 72 p., L. 54 p.

Le sujet de ce tableau, sa couleur, la manière large et facile dont il est touché, nous ont portés à le croire de Rombouts.

ROTTENHAMER (Jean).

123 La Sainte-Famille, sainte Élisabeth et

le jeune saint Jean-Baptiste : C., H. 9 p.,
L. 7 p.

L'Enfant-Jésus, debout sur les genoux de
la Vierge, reçoit les premiers hommages du
fils d'Élisabeth, de celui qui plus tard le fit
connaître aux juifs en leur disant que c'était
l'*Agneau de Dieu, la victime par excel-
lence.* Saint Joseph est à côté de Marie ; des
esprits célestes apparaissent sur des nuages.

On vante les grands ouvrages de Rotten-
hamer ; mais on a dit avec raison que ceux
qu'il a peints en petit sont les plus estimés.
On y remarque de la grâce, du mouvement
dans les figures, de l'accord, de la vivacité
dans le coloris et beaucoup de finesse dans
l'exécution.

SEGHERS (Daniel), autrement dit le Jésuite d'Anvers.

124 Deux Tableaux : B., H. 36 p., L. 25 p.

Ce sont deux guirlandes de fleurs entou-
rant chacune un médaillon où Van Balen a
représenté la Sainte-Famille.

SWANEVELT (Herman), dit Hermann d'Italie.

125 Paysage : T., H. 39 p., L. 53 p.

Aux agrémens d'un paysage exécuté de

main de maître, se joint ici l'intérêt d'un sujet tiré de la mythologie. A l'entrée d'une forêt et tout près des bords de la mer, Europe, séduite par la douceur et la beauté d'un taureau blanc qui s'est approché d'elle, s'amuse à l'orner de guirlandes de fleurs que lui préparent ses compagnes.

Ce tableau qui est capital par ses dimensions, capital par ses figures, l'est aussi sous le double rapport de la couleur et du pinceau. Il est gravé.

VANLOO (Jacques).

126 Portrait d'Homme : T., h. 48 p., l. 36 p.

Il est en habit noir, assis dans un fauteuil, et tient de la main gauche une feuille de papier pliée.

VAN VITELLI (Gaspar van Vitel, surnommé en Italie).

127 Vue de Naples : T., h. 9 p. 6 lig., l. 18 p.

127 *bis.* Vue de Fiesole. Mêmes dimensions.

Ces deux tableaux font pendans et sont des meilleurs de Van Vitelli. Dans le dernier on remarque l'ancienne maison de campa-

gne des Médicis, retraite agréable, consa-
crée au commerce qu'ils se plaisaient à en-
tretenir avec les savans.

VELDE (Adrien Vanden).

128 Départ pour la Chasse : T., H. 17 p.
6 lig., L. 23 p.

Ce précieux tableau, qui porte la date
de 1662, sortit en 1777 de la riche et fameuse collection d'objets curieux en tout
genre qu'avait formée M. Randon de Boisset;
depuis il a orné celle d'un prince russe,
après la mort duquel il a été rapporté et
vendu à Paris il y a un peu plus de trois ans.
Rappeler aux amateurs qu'ils ont vu
M. Francillon s'en rendre adjudicataire au
prix de 16,001 fr., c'est, il nous semble, la
meilleure manière d'en faire l'éloge.

Sur le devant de la composition, à l'ombre
d'un mur d'escalier surmonté d'une statue
d'Hercule, se reposent deux pélerins men-
dians, dont un a le chapeau à la main. Devant eux passe un jeune seigneur donnant la
main à une dame qu'il conduit vers un cheval blanc qu'elle va monter. Un écuyer tient
la bride de ce cheval. A l'apparition de ces
deux personnages, un chasseur en selle fait
entendre, au son du cor, le signal du départ.

A main droite, à l'entrée d'un bois, sont réunis les fauconniers, les piqueurs et autres valets tenant des chiens en laisse; dans le fond est un équipage de chasse attelé de six chevaux; de tous côtés enfin se peignent aux yeux avec une extrême vérité les apprêts, l'agitation et tout ce qu'ont d'animé les scènes du genre de celles-ci. Un autre prestige nous attache à ce tableau, c'est son coloris; il est si éclatant, il rend si bien l'effet de la lumière du soleil, que la pensée même n'imagine rien de mieux.

Il serait superflu de parler de l'exécution après avoir cité le nom de Vanden Velde, peintre si admirable sous ce rapport.

129 Paysage : B., H. 11 p. 9 lig, L. 9 p.

Une femme à cheval, et passant un gué avec un troupeau de vaches et de brebis, se tourne vers un homme qui se déchausse et lui fait un signe de la main.

Ce tableau, tout inférieur qu'il est au précédent, est néanmoins un bon échantillon du talent d'Adrien Vanden Velde.

VOS (Simon de).

130 Portrait d'un Vieillard : T., H. 42 p., L. 30 p.

Ce tableau réunit toutes les qualités qu'on

peut désirer dans ce genre de peinture, le sentiment de la vie, de la finesse dans les chairs, du naturel dans la pose, du relief, de l'harmonie, cette magie enfin qui produit aux yeux l'apparence de la vérité. Cette barbe, ces cheveux blancs ne font pas seuls connaître le grand âge de ce personnage ; les ans qui pèsent sur sa tête agissent manifestement sur son maintien. Ajoutons que son ample robe noire décèle moins peut-être que sa physionomie que ce fut un respectable, un bon magistrat.

WYCK (Thomas).

131 Port de Mer : B., h. 15 p., l. 21 p.

Il est placé à l'embouchure d'un fleuve, tout près des restes d'un ancien pont. Sous une arche des négocians s'entretiennent avec des marins, tandis que d'autres prennent livraison de marchandises qui leur sont adressées. A la droite du tableau des barques sont amarrées près du rivage.

Ici, comme dans tous ses meilleurs ouvrages, Thomas Wyck rivalise de talent avec Jean Asselyn.

ÉCOLE FRANÇAISE.

BOURDON (Sébastien).

132 Bacchus revenant des Indes : T., h. 18 p., l. 24 p.

Le conquérant et Ariane, l'un près de l'autre, s'appuient sur leurs chars. Ils en sont descendus pour donner à leur troupe quelques momens de repos. Mais une pause, pour cette troupe joyeuse, n'est autre chose qu'un appel au plaisir. Aussi voit-on les satyres former des danses, tandis que leur jeune et pétulante race lutte ou joue avec les boucs et les panthères. Une seule bacchante ivre se laisse aller au sommeil.

Cette bacchanale nous rappelle celles de Nicolas Poussin, ce peintre si profond, si sage, si sensible aux beautés de l'antique, et qui, peut-être, est le plus classique de tous. Ce n'est pas que Bourdon ait manqué de génie, mais il aimait parfois à monter son style sur celui des autres, et n'était jamais au-dessous d'eux dans les imitations. Rien ne prouve mieux l'étendue de son génie et combien il était riche d'observations.

Un style noble, un dessin correct, un coloris aérien, le goût de l'antique, sont les qualités du tableau que nous venons de décrire.

133 La Sainte - Famille : T., h. 14 p., l. 12 p.

Jésus dort sur les genoux de sa mère qui le regarde avec une douce satisfaction ; saint Joseph, un ange et le jeune précurseur, entourent silencieusement le jeune rédempteur et la bienheureuse Marie.

134 Vénus armant Énée : T., h. 25 p., l. 29 p.

Tandis que la déesse remet à Énée les armes qu'elle a fait forger par Vulcain, des amours se jouent avec les colombes et les cygnes attelés à son char.

135 Le Sacrifice d'Iphigénie : T., h. 65 p., l. 48 p.

Diane enlève la fille d'Agamemnon de dessus l'autel où le grand-prêtre se disposait à l'égorger, et fait paraître une biche en sa place.

Dans ce tableau Le Bourdon paraît s'être inspiré de la manière de Castiglione.

BLANCHARD (Gabriel).

136 L'Adoration des Mages : C., forme ronde ; diamètre 10 p.

Ce petit tableau est d'une grande douceur de coloris. L'Enfant-Jésus est d'un dessin *guidesque*.

JANET (François Clouet, dit).

137 Deux Portraits en buste d'Homme et de Femme. L'homme est coiffé d'une toque et vêtu d'un pourpoint à collet montant ; la femme est en noir avec une chemisette à collet : B., h. 7 p., l. 6 p.

138 Portrait d'homme peint en buste, avec barbe et moustaches, une toque sur la tête et un vêtement noir : B., h. 6 p., l. 5 p.

MOLA (Jean-Baptiste).

139 Saint François stigmatisé : C., h. 14 p., l. 17 p.

Ce sujet est représenté dans un paysage

très pittoresque et tout-à-fait dans le goût d'Annibal Carrache. L'Albane employa souvent le pinceau du Mole à remplir les fonds de ses tableaux.

PATEL (Paul).

140 Paysages avec ruines d'anciens édifices, T.

Le coloris de ce tableau est d'une vigueur qui manque en général aux autres productions de Patel ; les figures nous paraissent avoir été peintes par Herman d'Italie.

141 Deux autres Paysages du plus beau *faire* de Pâtel, et éclairés, l'un, par la lumière du matin, l'autre par celle du soir, quelques heures avant le coucher du soleil : T., h. 9 p., l. 12 p.

SABLET aîné.

142 Quatre jeunes Filles tricotant à la clarté d'une lampe ; esquisse d'une bonne couleur : T., h. 6 p., l. 10 p.

SUEUR (École d'Eustache le).

143 Un Tableau à fond doré, représen-

tant le Lever du Soleil : B., n. 36 p.,
l. 24 p.

144 La Mort d'Hyacinthe : B., fond doré,
h. 15 p., l. 28 p.

TOURNIÈRE (Robert).

145 Un Peintre, vu à mi-corps en dedans de
la fenêtre de son atelier, tient sa palette
et ses pinceaux d'une main, et montre
de l'autre le portrait d'une vieille femme. Une toile est placée sur son chevalet : B., h. 10 p., l. 6 p.

SUITE DE PORTRAITS

DE PERSONNAGES HISTORIQUES,

SOUVERAINS , SAVANS, ARTISTES, GENS D'ÉGLISE, DE ROBE ET D'ÉPÉE, ET AUTRES.

Nota. En réunissant ainsi ces Portraits, notre intention a été d'en former une espèce de galerie dont l'ensemble pût être facilement embrassé d'un coup-d'œil.

146 ANNIBALE CARRACI, peint en buste par lui-même : B., H. 40 p., L. 3 p.

147 BELLINIANO (VICTOR), peint par lui-même : Buste, B., H. 21 p., L. 18 p.

Il a une toque aplatie sur la tête, et sur le corps un habit garni de fourrure. Une médaille pend à son cou; sa barbe et ses cheveux sont très épais. On lit sur ce tableau Victor Bellinianus, 1521. M. Francillon, qui en a inséré une gravure dans sa traduction de la *Storia pittorica*, remarque avec raison

5..

que la manière de ce peintre a beaucoup de rapport avec celles des Bellin et des Giorgion.

148 FONTANA (LAVINIA), par elle-même : B., H. 11 p., L. 10 p.

On cite le nom de Lavinia Fontana parmi ceux des peintres bolonnais qui se sont distingués avant l'école des Carrache. Dans le tableau que nous avons sous les yeux, elle s'est représentée touchant un clavecin. Derrière elle est une servante qui lui apporte un livre de musique; dans une seconde chambre, près d'une fenêtre, on voit son chevalet.

149 GUIDO-RENI, Buste : T., H. 23 p., L. 19 p.

150 GUERCINO, Buste : T., H. 20 p., L. 17 p.

151 MASACCIO, peint par lui-même : B., H. 16 p., L. 12 p.

Une calotte noire couvre le derrière de sa tête; des cheveux épais et bouclés couvrent son front et encadrent pour ainsi dire son visage : il a sur le corps une veste boutonnée avec un habit à grandes manches.

M. Francillon a placé dans l'ouvrage que

nous avons déjà cité tant de fois, une gravure faite d'après ce portrait, et remarque qu'il est peint à la colle. Il ajoute : *Le dessin en est un peu sec, mais la tête est d'une grande vérité, le jeu des plis d'un bon goût pour l'époque où florissait Masaccio.*

152 PIETRO VANNUCCI, dit PERUGINO, peint par Lorenzo de Credi : B., H. 16 p., L. 12 p.

Ses cheveux noirs et tombans sont couverts d'une toque. Un justaucorps noir, que dépasse le haut de sa chemise, un coin de manteau ajusté sur le bras droit, composent son vêtement.

Ce portrait passait en Italie pour être un des premiers ouvrages de Raphaël, et c'est sous ce nom qu'il est gravé dans la traduction de M. Francillon ; mais il nous a paru tenir, par la couleur, à l'école de Léonard dont Crédi fut imitateur, quoique lié d'amitié avec le Pérugin.

153 TESTA (PIETRO), peint par lui-même : T., forme ovale ; H. 7 p., L. 5 p.

L'auteur s'est représenté à mi-corps, nu-tête et en manteau noir. Ce portrait a été gravé.

154 BORGT (Henri Van), représenté à mi-corps.

Borgt, peintre, et l'un des antiquaires les plus instruits de son temps , jouissait de l'estime du comte d'Arundel et de beaucoup de savans anglais. Ce portrait a été gravé par Hollar.

155 BRAUWER (Adrien), peint par lui-même : C., forme ovale; h. 3 p. 6 lig., l. 2 p. 6 lig.

Il a la tête nue, des moustaches, et un vêtement noir sur lequel se rabat un grand collet. L'exécution de ce petit portrait est très suave; on retrouve dans sa couleur quelque ressemblance avec celle de Franc-Hals, maître de Brauwer.

156 DIETRICK (Willem-Ernest) : B., h. 8 p. 6 lig., l. 7 p.

Il est à mi-corps, tient sa palette d'une main, et s'appuie de l'autre sur un buste de plâtre.

157 HÆFTEN (Nicolas-Walraven Van),

peint par lui-même : T., н. 13 p.,
L. 11 p.

La palette en main, il montre, de la fenêtre de son atelier, un tableau qu'il vient
d'achever.

158 HORREMAN le Vieux, peint par lui-
même. T., н. 24 p., l. 20 p.

Il s'est représenté devant son chevalet au
milieu de ses élèves. Un jeune garçon le
consulte sur son ouvrage, d'autres sont occupés à dessiner d'après la bosse.

159 CORNEILLE POELENBURG, peint
par lui-même : C., н. 8 p. 3 lig., l. 6
p. 6 lig.

Poelenburg nu-tête, à mi-corps et vêtu
de noir, est assis dans un fauteuil, une plume
à la main, ce qui fait supposer qu'il va ré-
pondre à une lettre qui est sur une table
devant lui. Sa main gauche est appuyée sur
le bras de son siége. Sur la lettre sont tra-
cées les lettres C. P. F. (*Corneille Poelenburg fecit*), marque ordinaire de l'auteur.

Nous offrir l'image fidèle des traits de
Poelenburg n'est pas le seul mérite de ce
portrait. On y admire encore, plus que dans

aucun autre de ses ouvrages, cette douceur, cette suavité de pinceau qui leur donne un attrait si particulier. L'auteur en se peignant lui-même dut redoubler d'efforts et de soins et ne s'arrêter que lorsqu'il eut épuisé tout son talent.

160 WERFF (ADRIEN-VANDER), peint par lui-même : C., ovale; H. 5 p., L. 4 p.

Ce portrait est celui d'après lequel Descamps a fait faire la gravure qui est en tête de sa notice sur Vander Werff, dans l'ouvrage qu'il a donné sous le titre de *Vie des peintres flamands, allemands et hollandais*.

C'est exciter un vif intérêt dans l'esprit des amateurs que de leur annoncer le portrait d'un peintre célèbre exécuté par lui-même.

161 COYPEL (ANTOINE), peint par lui-même : T., H. 9 p., L. 7 p.

Coypel s'y est représenté un crayon à la main, et se disposant à dessiner sur un carton qu'il appuie sur ses genoux. Les boucles d'une grande perruque flottent sur ses épaules qu'enveloppe un manteau de velours cramoisi. Ce portrait est gravé.

162 DELIEN (Jacques), peint par lui-
même : T., h. 10 p., l. 7 p.

Il est dans son atelier. Un tableau placé
sur son chevalet, indique qu'il peignait l'histoire.

163 LANTARA peignant un paysage. Il est
représenté en pied, la tête de profil.
T., h. 15 p., l. 11 p.

164 FRANQUEVILLE, sculpteur du Roi,
peint en buste par F. Porbus : B., h.
6 p., l. 5 p.

165 Portrait qu'on présume être celui du
célèbre architecte Claude Perrault. T.,
forme ovale; h. 25 p., l. 18 p. Peint
par Nicolas Mignard.

Nicolas Mignard était de son temps un des
meilleurs peintres de portraits, et l'un des
plus en faveur. Son pinceau frais et coulant,
dit d'Argenville, était particulièrement pro-
pre à ce genre de peinture.

166 Portrait à mi-corps de Charles Ier.,
peint par Leli : T., h. 27 p., l. 21 p.

Après les portraits de Vandyck viennent

ceux de Lely , qui sont aussi d'une grande beauté. Lely fut attaché à Charles Ier., et après la mort tragique de ce prince, à Charles II.

167 MARIE-HENRIETTE, femme de Charles Ier., et de deux de ses enfans en bas-âge : B., H. 11 p., L. 8 p.

Ce n'est ici qu'une esquisse en Camaïeu ; mais elle est si manifestement de la main de Vandyck, et faite avec tant d'aisance et d'esprit, qu'elle cause le même plaisir à la vue qu'un tableau très achevé. Ce sujet, exécuté en grand , est en Espagne dans la galerie des ducs d'Albe.

168 GUILLAUME DE NASSAU, prince d'Orange, peint par Honthorst : B. , H. 38 p., L. 30 p.

Honthorst obtint le titre de peintre de Guillaume de Nassau et s'en montra digne. Plusieurs souverains voulurent avoir leurs portraits de sa main. Au talent qui le rendit fameux dans cette partie de son art, il joignit le talent plus grand encore de bien peindre l'histoire. Ses effets de lumière lui valurent en Italie le surnom de Gérard *delle notte.*

169 MARIE, reine douairière de Hongrie ,
sœur de Charles-Quint, gouvernante
des Pays-Bas : B. , H. 22 p., L. 18 p.

170 COSME DE MÉDICIS, dit l'Ancien ;
Buste peint par Filippo Lippi : B.,
H. 19 p., L. 15 p. 6 lig.

Une toque couvre le haut de sa tête ; aux
côtés de son visage tombent des cheveux
longs et châtains. Une cravate noire est né-
gligemment jetée autour de son cou, par-
dessus un manteau dont le collet garni de
fourrure est agraffé sous le menton.

Quelque curieux que soit ce tableau sous
le rapport de son ancienneté, il est beaucoup
plus intéressant encore par rapport à l'histoire,

171 COSME DE MEDICIS II : B., H. 17
p., L. 15 p.

172 LEONORA DE TOLÈDE, femme de
Côme de Médicis II : B., même mesure.

173 ALEXANDRE FARNÈSE, duc de
Parme : B., H. 20 p., L. 16 p.

Ces trois portraits, peints en buste, sont

de la main d'Angiolo Bronzino. Les deux premiers ont fait partie des tableaux du palais Lanti, à Rome ; le dernier est gravé.

174 Le Pape PIE IV : B., H. 9 p., L. 8 p.

175 Portrait d'un duc d'Étrurie : B., H. 24 p., L. 20 p.

176 Portrait d'Homme représenté en buste, coiffé d'une toque et vêtu d'un habit noir à manches ouvertes : B., H. 20 p., L. 18 p.

On lit sur ce tableau, avec la date de 1541 : Van Leyden, roi de Munster. C'est le fameux Jean de Leyde, simple tailleur qui, devenu chef des anabaptistes, et se disant envoyé du Père éternel pour établir une nouvelle Jérusalem, se rendit maître de Munster et s'en fit couronner roi.

177 Le Duc de BRACIANO, peint par Pàris Bordone : T., H. 24 p., L. 18 p.

Ce portrait, remarquable par une grande vérité de coloris, rappelle en outre à la pensée le souvenir d'un homme cher aux lettres, à cause de la protection qu'il leur accorda.

178 Madame DE MAINTENON, jeune et peinte en buste : C., ov., H. 4 p. 6 lig., L. 3 p. 6 lig.

179 COLBERT, par P. Mignard : T., H. 25 p., L. 20 p.

Les noms de Colbert et de Mignard rendent ce portrait doublement intéressant, pour ceux qui forment des galeries d'hommes célèbres.

180 Le même Personnage : T., forme ovale, H. 8 p. 6 lig., L. 6 p. 6 lig.

181 NICOLAS COLBEBT, père du ministre : T., forme ovale; H. 6 p. 6 lig., L. 5 p.

182 Le Cardinal DE FLEURY, par H. Rigaud : T., H. 68 p., L. 48 p.

Le vertueux ministre est représenté plus qu'à mi-corps, assis dans un fauteuil près de son bureau. Le calme de ses traits rend merveilleusement la douceur et l'égalité de sa belle âme. C'est bien là l'homme pacifique qui aimait qu'on ne troublât ni le repos des autres ni le sien, et qui regardait la tranquillité publique comme le fondement du bonheur.

183 RACINE à l'âge de trente ans, peint par H. Rigaud : T. , forme ronde; diamètre 27 p.

184 L'ARÉTIN couronné de lauriers. Buste : B., H. 20 p., L. 17 p.

185 ARNAUD D'ANDILLY. Cet homme célèbre est peint à mi-corps, une plume à la main et assis près d'une table sur laquelle est un livre fermé : Gouache sous verre; H. 6 p. 6 lig., L. 5 p.

186 Paul SARPI, savant théologien de Venise, peint par Jacopo Pontormo : T., H. 27 p., L. 20 p.

187 BARNEVELDT : C., ovale; H. 9 p. 6 lig., L. 7 p. 3 lig.

Cet homme célèbre par sa capacité pour les grandes négociations, et si indignement traité par son ingrate patrie dont il était un des plus puissans soutiens, est représenté à mi-corps, nu-tête et vêtu de noir. D'une main, il tient ses gants; de l'autre, son chapeau.

188 ALGERNON SIDNEY, peint par Terburg : T., ʜ. 37 p., ʟ. 30 p.

Ce Sidney, grand seigneur d'Angleterre, fut une des victimes les plus marquantes de la grande révolution de ce pays.

189 Jean-Louis de FIESQUE : T., ʜ. 40 p., ʟ. 36 p.

Ce de Fiesque, comte de Lavagne, issu d'une des plus illustres familles de Gênes, est celui qui conspira, en 1547, contre le gouvernement républicain de cette ville. Gravé dans l'ouvrage de M. Francillon.

190 Jean de BOURBON-VENDOME, duc d'Enghien, oncle de Henri IV : B., ʜ. 7 p., ʟ. 5 p. 6 lig.

Ce portrait est de la main de Clouet dit Janet.

191 Henriette-Catherine de JOYEUSE, duchesse de Montpensier. Buste peint sur toile.

192 Portrait d'une duchesse d'Orléans représentée un peu plus qu'à mi-corps : T.,
forme ovale, H. 15 p., L. 12 p.

193 JOLI, secrétaire du cardinal de Retz, et
auteur de mémoires qu'on a réunis à
ceux de ce dernier. B., H. 8 p., L. 6 p.

194 Le Duc DE BEAUFORT (FRANÇOIS VEN-
DOME) : B., H. 8 p. 6 lig., L. 6 p.

196 Le Cardinal LAMOIGNON : B., forme
ovale.

197 Louis DE ROCHECHOUART, forme
ovale : B., H. 7 p., L. 5 p.

198 HENRI-CHARLES DE LA TRÉMOUILLE,
prince de Tarente, par P. Mignard :
T., H. 27 p., L. 21 p.

199 Le Duc DE GRAMMONT : B., H. 12 p.,
L. 9 p.

200 J. DEBRAND : B., mêmes dimensions.

201 ROGER DE ST.-LARY : B., *idem.*

202 Le Marquis DE MORTEMART : B., *id.*

Ces quatre nobles personnages sont décorés du cordon bleu.

203 MICHEL MOLÉ : B., H. 8 p., L. 6 p.

204 Le Chevalier DE MONTMAGNY, peint par J.-B. Champagne : B., H. 6 p. 6 lig., L. 5 p. 6 lig.

On le voit ici en buste, tête nue, portant des moustaches, et dans un habillement noir sur lequel se détache un collet garni de dentelle.

205 ALEXANDRE CERETOLI, peint par le Caravage. Figure à mi-corps : T., H. 44 p., L. 30 p.

206 Madame DE MONTESPAN, par B. Boullongne : T., H. 20 p., L. 17 p.

Elle est assise dans un parc et s'accoude sur le piédestal d'un grand vase. A ses pieds est un des aimables enfans de Vénus qui retient deux chiens près de lui, comme pour dire que la fidélité est nécessaire en amour.

207 AGNOLO POLIZIANO, Florentin : B., H. 24 p., L. 20 p.

208 Filippo DISBRUNELESCO.

209 Beaucoup d'autres Personnages historiques exécutés par différens peintres du
temps.

TABLEAUX

DE DIFFÉRENS MAITRES

CONNUS ET INCONNUS.

210 Les Portraits en buste d'un Homme et d'une Femme. Ils portent la date de 1505, avec un monogramme très compliqué.

211 ÉCOLE VÉNITIENNE. — Portrait de Femme représentée à mi-corps. Elle tient ses gants et son mouchoir de la main gauche, et pose la droite sur une table à côté d'un vase de fleurs : T., H. 36 p., L. 27 p.

211 *bis*. Quatre grands Tableaux représentant des Figures allégoriques, ayant rapport aux arts et aux sciences.

212 Saint François en contemplation devant un Chérubin crucifié qui lui apparaît

dans les airs, est marqué des cinq stig-
mates de Jésus-Christ. Cette Figure,
vue à mi-corps, nous semble avoir beaucoup de rapport avec les ouvrages d'A-
lonzo Cano, soit qu'on en considère le
coloris, soit qu'on examine la manière
dont elle est peinte.

213 Jésus couronné d'épines, Buste peint
par Simon Cantarini, dit le Pésarèse :
T., H. 20 p., H. 17 p.

214 Le Mariage de Sainte Catherine : B.,
H. 18 p., L. 13. p.

Jésus, assis sur sa mère, présente l'anneau
nuptial à Catherine, et l'admet au nombre
de ses chastes épouses.

Il est manifeste que ce tableau est de l'ancienne école de Parme. De quel maître ?
C'est ce que nous ignorons.

215 Le Couronnement de la Vierge : T.,
H. 28 p., L. 23 p.

Dieu le père et Dieu le fils, entourés d'un
chœur de chérubins, posent une couronne
sur la tête de Marie, et l'admettent à partager

leur éternelle souveraineté. Dans une région inférieure sont des élus de toutes les classes, apôtres, rois, papes, évêques, moines, religieuses et autres.

Cette peinture dont, par quelques recherches, on découvrirait l'auteur, est curieuse et d'une originalité certaine.

216 Fragment d'un tableau où était vraisemblablement représentée une Déposition de croix. On y voit la Vierge et une sainte femme avec ces mots : *Ecce filius meus qui moritur, ut vivant filii ejus* : B., H. 8 p., L. 6 p. 6 lig.

217 Grand et bon tableau représentant des Fruits : T., H. 42 p., L. 62 p.

218 Fleurs posées en partie sur une pierre ornée d'un bas-relief : T., H. 52 p., L. 72 p.

219 Cinq ou six tableaux de Fleurs, par Baptiste Monoyer et Blain de Fontenay : T., diverses grandeurs.

220 Peinture antique trouvée à Hercula-

num et représentant la Musique et la Poésie. Celle-ci est figurée par un jeune homme portant une espèce de masque sur le sommet de la tête, la Musique, par une jeune fille couronnée de fleurs et pinçant une lyre.

DESSINS.

221 BACCIO BANDINELLI. — Jésus crucifié et deux des saintes femmes au pied de sa croix. Beau dessin exécuté à la plume.

222 PRIMATICE (François). — Groupe de figures. Contours à la plume avec lavis de bistre; conservation parfaite.

223 BRIL (Paul). — Paysage dessiné à la plume et lavé à l'encre.

224 POUSSIN (Nicolas). — Vénus et Adonis au milieu de plusieurs Amours. Ce rare et précieux dessin est tracé à la plume et lavé à l'encre.

225 ROMANELLI (François). — Thésée profitant du sommeil d'Ariane pour l'abandonner dans l'île de Naxos.

226 Études de figures diverses, dessinées à la plume par le Parmesan; Hercule

terrassant l'hydre, dessin à la plume et lavé, par Perrin del Vaga; figure d'homme nu, et deux martyrs la palme à la main, l'un par Aug. Carrache, l'autre dans le goût de Blandinelli. 4 Pièces.

227 Figures de femme dessinées à la plume par Baptista Franco; Prophète et autre sujet tiré de l'Écriture-Sainte. Ce dernier dessin, qui est lavé et rehaussé de blanc, nous paraît être de Girolamo dans Sermoneta.

BRONZES.

228 *La Vénus accroupie* et *le Rotator*, très beaux Bronzes fondus à Rome, sur socles dorés : H. 12 p.

229 Deux Enfans, par Pigale, sur socles dorés : H. 18 p. Ces Bronzes, qui sont les seuls de grandeur naturelle, viennent du cabinet de M. Bouret de Vezeley.

230 Une Figure, le Gladiateur combattant, de la Villa Borghèse, fonte d'Italie : H. 21 p., sur un riche socle en boule.

231 Une Figure, Cléopâtre, sur socle en marbre jaune de Sienne : H. 16 p.

232 Hercule assis, fonte d'Italie, cabinet Venhoorn, sur socle doré : H. 15 p.

233 Un Groupe dit les Lutteurs : H. 21 p., sur socle doré.

234 Hercule et Antée : H. 21 p., sur socle doré.

235 Un Groupe, le Faune et Bacchus enfant : H. 21 p.

  Ces trois Bronzes sont des plus parfaits, sortis des ateliers de M. Crozatier, par leur légèreté et leur fini.

236 Une Figure, la Fortune : H. 15 p., sur socle doré.

237 Une Statue, le Faune jouant de la flûte : H. 4 pieds. Très beau : Bronze de M. Carbonnaux.

238 Un très beau Groupe, en fonte d'Italie, Apollon, et Daphné se changeant en laurier : H. 32 p., sur socle doré.

239 Deux Figures, Vénus et Mercure, faisant Pendans : H. 13 p.

240 Le Taureau et le Cheval : H. 8 p., sur socles de boule.

241 Deux petits Bronzes, mêmes sujets.

242 Un Buste de Niobé, en fonte d'Italie : H. 20 p.

243 Le Buste de Socrate, ancien Bronze

italien, fondu sur cire perdue : H.
18 p.

244 Une Figure, Moïse d'après Michel-Ange :
H. 24 p. Ce Bronze a servi de modèle
pour ceux de cette dimension qui ont
été fondus depuis.

245 Deux Figures, Apollon et Vénus sor-
tant du bain. Précieux Bronzes florentins : H. 13 p. , sur riche socle en bronze
doré.

246 Vénus accroupie, en fonte d'Italie :
H. 10 p. , sur riche socle doré.

247 Deux Vases de forme antique : H. 16 p.,
sur socles dorés.

248 Un Groupe de trois Hercule, portant
une coupe en marbre noir, sur socles
ronds en porphyre et marbre noir.

249 Un Trépied, fondu d'après l'antique.

250 Trois Vases, bronzes indiens très fins,
sur socles dorés.

251 Le Mercure, d'après Jean de Bologne, ancien bronze florentin, fondu sur cire perdue, d'une grande légèreté et d'une parfaite exécution : H. 21 p.

252 Uranie, fonte d'Italie : H. 12 p.

253 La Fortune, bronze italien : H. 20 p.

254 Une figure de Mercure, la bourse à la main, bronze florentin : H. 22 p.

255 Deux Levrettes formant presse-papier.

256 Un grand Cartel en bronze doré, d'un très riche travail.

257 Les Pendules, Flambeaux et autres Objets en bronze, non indiqués dans la présente notice, seront vendus sous ce numéro.

TABATIÈRES.

258 Un grand Camée Bacchanale, d'un beau travail, agate onyx transparente, sur boîte carré-long en jaspe sanguin montée en or.

259 Une Boîte avec Camée représentant un Satyre.

260 Une Boîte avec tête de Jupiter.

261 Une autre en écaille doublée en or avec portrait de mademoiselle de Montpensier, peint sur émail, par Petitot.

262 Une *idem*, aussi doublée en or, avec une très belle miniature, par Petitot, portrait de madame de Lavallière.

263 Une *idem*, avec portrait de Henri IV.

264 Une *idem*, la duchesse d'Étampes.

265 Une Boîte carré-long en écaille, doublée

en or, avec portrait du comte de Hamilton, auteur des *Mémoires du chevalier de Grammont.*

266 Une autre avec portrait de madame de Pompadour.

267 Une *idem*, le chancelier de Lamoignon.

268 Une Boîte ornée d'une miniature, par Clinchetel, Suzanne et les Vieillards.

269 Une *idem*, avec autre miniature, par Clinchetel.

270 Une Boîte carré-long avec deux jolis sujets peints en miniature par Watteau.

271 Une autre avec deux paysages.

272 Une Boîte carré-long en écaille, ornée d'une mosaïque représentant le Temple de la Sibylle à Tivoli.

273 Une *idem*, le Ponte-Molle, près Rome.

274 Une *idem* ronde, St.-Pierre.

275 Une *idem*, le Temple de Vesta.

276 Une *idem*, le Colysée.

277 Une *idem*, la Villa Medecis et Trinita del Monti.

278 Cinq Mosaïques non montées, pour dessus de boîtes, le Capitole, l'intérieur du Panthéon, Monte Cavallo, le Château St.-Ange et le Temple de la Paix.

Cet article sera divisé.

279 Une miniature, Frédéric, le Grand Électeur.

280 Un émail non monté.

MARBRES,

LAQUE, MEUBLES DE BOULE,

ET AUTRES OBJETS DIVERS.

281 Une Table en jaspe fleuri de Sicile, de 48 p. de longueur sur 23 de largeur.

282 Un Buste de Caracalla en marbre blanc, avec draperie en bronze doré.

283 Une Pendule avec figure en marbre blanc, sculptée par Boizot, portant deux cadrans, sur socle en marbre jaune de Sienne : H. 20 p.

284 Une Coupe avec son Couvercle en émail de Limoges, d'un beau travail, d'après les dessins de Jules Romain, et très bien conservée.

285 Un très riche Cabinet en bois d'ébène, sculpté en dehors et en dedans, d'une parfaite conservation et d'un très beau travail du temps de François Ier.

286 Une riche Commode ornée de beaux panneaux en ancien laque, à sujet d'oiseaux, montée en cuivre doré.

287 Une Table à panneaux de laque blanc, à figures, garnie de bronze doré.

288 Une Écritoire en laque, fond craquelé, à fleurs.

289 Un Bureau de 5 pieds 6 p. de longueur, par Boule, richement garni en bronze doré.

290 Un autre Bureau moins riche, en bronze doré.

291 Deux Gaînes à trois faces.

292 Une Pendule de forme ronde sur double socle, et plusieurs autres Pendules de boule de diverses formes.

293 Un Paravent bas à six feuilles, en vernis de Martin, d'une parfaite conservation.

294 Une Commode en marquetterie de Riesner, garnie en cuivre doré.

7

295 Une Commode en vernis de Martin.

296 Deux Tables en belle marquetterie en bois de rose, à fleurs, garnies en cuivre doré.

297 Un bas-relief, la Vierge et l'Enfant Jésus en ancienne faïence de Faënza, par Lucas de la Rubbia.

298 Deux Médailiers en bois acajou.

299 Vingt Socles de boule.

300 Vingt-quatre Socles en serpentin, porphyre et autres marbres.
 Ces deux articles seront divisés.

301 Une Boîte contenant une paire de Pistolets de Boutet, avec tous ses accessoires.

302 Une Carabine de Manton.

303 Un Fusil de Dabat.

 Ces armes, excessivement soignées et d'une grande justesse, ont appartenu à un amateur connu.

304 Une grosse Montre d'un travail curieux,
dans sa boîte en or.

305 Les divers Objets de curiosité, Meubles
anciens et autres Articles qui auront pu
être omis, seront vendus sous ce numéro.

FIN.